남편과 아내

가정을 위한 하나님의 계획

제 1 권

HUSBANDS & WIVES

God's Design for the Family

BOOK 1

네비게이토 출판사

TO KNOW CHRIST AND TO MAKE HIM KNOWN

네비게이토 선교회는
국제적이며 복음적인 기독교 기관이다.
예수 그리스도께서는 자기를 따르는 자들에게
"너희는 가서 모든 족속으로 제자를 삼으라"
(마태복음 28:19)는 지상사명을 주셨다.
네비게이토 선교회는 세계 모든 국가에서
예수 그리스도의 일꾼들을 배가시켜
이 지상사명의 성취를 돕는 것을
근본 목표로 하고 있다.

네비게이토 출판사는
네비게이토 선교회의 문서 선교를 담당하고 있다.
본 출판사에서는 그리스도인의 영적 성장을 돕는
서적과 자료들을 출판하여,
그리스도인의 삶의 기초가 견고한
헌신된 제자로 성장하게 하고,
나아가 성숙한 인격과 지도력을 갖춘
일꾼이 되도록 돕고 있다.

Translated by permission
Title originally published in English as
GOD'S DESIGN FOR THE FAMILY,
HUSBANDS & WIVES by NavPress
A ministry of The Navigators, USA

차 례

제 1 과 자아상 / 9
다른 사람에 대한 사랑, 특히 결혼 생활에서 상대방에 대한 사랑은 자기 자신을 올바로 이해하고 받아들이는 데서부터 출발한다.

제 2 과 의사소통 / 23
원활한 의사소통은 서로 귀 기울여 듣고, 말하고, 이해함으로써 이루어진다.

제 3 과 사랑과 사랑하기 / 35
하나님의 사랑은 신부 된 교회를 향한 그리스도의 사랑에 가장 잘 나타나 있는데, 이는 결혼 생활에서 사랑의 본이 된다.

제 4 과 갈등의 해결 / 45
갈등의 원인과 해결법을 알면 결혼 생활에서의 갈등을 건설적인 요소로 만들 수 있다.

제 5 과 성생활 / 57
하나님께서는 결혼 생활에서 부부의 성생활을 위한 놀라운 계획을 보여 주셨다.

제 6 과 책 임 / 65
만족스러운 결혼 생활은 저절로 이루어지지 않는다. 배우자 각자는 성경 말씀을 통해서 남편과 아내에게 주신 고유한 책임을 충실하게 수행해야 한다.

그룹 토의를 위한 지침 / 81
이 책을 소그룹으로 공부할 때 효과적으로 토의를 이끌어 가는 법

감사의 말

가정을 위한 하나님의 계획 시리즈는 네비게이토 간사들의 기도와 사려 깊은 준비 가운데 완성되었습니다. 이 시리즈의 목적은 부부 또는 결혼을 준비하고 있는 이들에게 성경적인 원리와 본보기를 보여 줌으로써 가족이 사랑 안에서 힘차게 성장하도록 도와주며, 하나님과의 관계 및 가족과의 관계에서 조화를 이루도록 이끌어 주는 데 있습니다.

이 일을 위하여 도움과 조언을 아끼지 않으신 분들과 이 시리즈를 기획하고 준비하는 여러 과정에 직접 참여하여 도와주신 분들, 그리고 현장에서 이 원고를 검토해 주신 많은 분들께 깊은 감사를 드립니다.

시작하기 전에

이 공부는 부부 또는 결혼을 준비하고 있는 사람들을 대상으로 기획하였습니다. 각자 따로 미리 공부한 후 함께 시간을 내어 질문과 답을 서로 나누며 토의하기 바랍니다. 여러 부부가 미리 개인적으로 공과를 준비한 후 정기적으로 만나 함께 공부하고 토의하면 더 많은 유익을 얻을 수 있습니다. 진도는 한 주에 한 과씩 나가되 각 과마다 그룹 토의 시간을 꼭 가지도록 권합니다. 각 과에 대한 그룹 토의 지침은 책 뒤에 실려 있습니다.

각 과마다 이 공부를 통해서 배우는 교훈을 가정생활에 적용할 수 있도록 적용 질문 및 가족의 공동 과제를 위한 제안이 있습니다. 적용할 내용을 결정하기 전에 먼저 기도하는 것을 잊지 마십시오. 하나님께서는 각 사람의 필요를 잘 알고 계시며, 지금 곧바로 우리가 계획을 세워 그 필요를 채우기를 원하십니다. 계획을 세울 때는 하나님과의 깊은 교제 가운데서 세우도록 하고, 하나님께서 당신을 친히 인도해 주실 것을 확신하십시오. 또한 당신이 적용한 바를 실천할 수 있도록 지혜와 능력을 주시기를 기도하십시오.

제 1 과

자아상

나는 누구입니까? 각 사람이 자기 자신에 대하여 가지고 있는 자아상은 각자가 어떻게 생각하고, 느끼고, 보고, 행동하는가에 영향을 줍니다. 뿐만 아니라 하나님과의 관계는 물론 배우자와 자녀 및 다른 사람과의 관계에도 영향을 미칩니다. 자아 개념이 균형 잡혀 있고 성경에 기초를 두고 있으면 결혼 생활을 비롯한 삶의 모든 영역에서 풍성한 유익을 거두게 됩니다.

당신을 위한 하나님의 계획

하나님께서는 우리 삶의 모든 환경을 주관하실 뿐만 아니라 우리를 사랑하시기 때문에, 우리는 하나님께서 우리를 위해 선한 계획을 가지고 계시다는 사실을 확신할 수 있습니다. 이 사실은 성경에 잘 나타나 있습니다.

1. 요한복음 10:10을 읽으십시오. 예수님께서는 왜 이 땅에 오셨습니까?

2. 시편 138:8에서 우리의 삶을 주관하시는 하나님의 섭리가 어떻게 나타나 있습니까?

3. 예레미야 29:11을 읽으십시오. 하나님께서는 바벨론에 포로로 잡혀 가 있는 이스라엘 백성을 위해 어떤 계획을 가지고 계셨습니까?

4. 빌립보서 1:6에서 우리는 무엇을 확신할 수 있습니까?

5. 이사야 43:7에 따르면 하나님께서 자기 이름으로 일컫는 자를 창조하신 이유는 무엇입니까?

6. 에베소서 2:10을 읽으십시오. (1) 하나님 앞에서 우리의 가치와 (2) 우리의 생의 목적에 관하여 어떤 사실을 말해 줍니까?

다른 사람과의 관계

혼자 살아가도록 지음을 받은 사람은 아무도 없습니다. 그중에서도 우리 그리스도인은 모두 그리스도의 몸 된 교회의 중요한 일부입니다. "너희는 그리스도의 몸이요 지체의 각 부분이라"(고린도전서 12:27). 그러므로 다른 사람과의 관계를 어떤 관점으로 바라보고 어떻게 맺어 가는가는 각자의 자아상을 형성하는 데 매우 중요한 역할을 합니다.

7. 갈라디아서 5:13-14을 묵상하십시오. 이 구절이 자신에게 주는 의미는 무엇입니까?

8. 에베소서 5:22-24을 읽으십시오. 건강한 자아상은 아내의 책임을 수행하는 데 어떤 도움을 줍니까?

9. 에베소서 5:28-29을 읽으십시오. 건강한 자아상은 남편의 책임을 수행하는 데 어떤 도움을 줍니까?

그릇된 자아상의 결과
1. 부풀린 자아상을 가진 남편. 이런 남편은 비합리적이고, 거칠고, 사랑이 없는 가장이 되기 쉬우며, 아내가 복종하기 어렵게 만들고, 아내의 제안을 받아들이려 하지 않는다. 2. 초라한 자아상을 가진 남편. '난 제대로 할 수 있는 게 아무것도 없어. 아무도 날 좋아하지 않을 거야'라는 태도를 갖기 쉽다. 그는 결혼 생활에서도 지도력을 발휘하고 사랑을 나타내기를 주저한다. 3. 부풀린 자아상을 가진 아내. 이런 아내는 복종을 '자기 비하'로 여기거나, 혹은 '남편이 할 수 있는 일이라면 나도 할 수 있어'라고 생각하기 때문에 남편의 지도력에 복종하려고 하지 않는다. 4. 초라한 자아상을 가진 아내. 자신의 능력과 재능에 대한 현실적인 이해가 부족하여 진정한 칭찬을 칭찬으로 받지 못한다. 5. 남편이나 아내 어느 한편이 건강하지 않은 자아상을 가지고 있을 때는 의사소통이 원활하게 이루어지 않게 된다. 남편이나 아내는 자기 생각이나 의견이 '별 가치가 없다'는 이유로 서로 말하기를 꺼려한다. 따라서 어느 편에서도 상대방을 진정으로 알 수가 없게 되고 배우자의 필요도 올바로 분별치 못하게 된다.

자신에 대한 용납

10. 갈라디아서 6:4-5을 읽으십시오. 자기 자신을 누구와 비교해서는 안 됩니까?

11. 베드로전서 1:15-16을 읽으십시오. 우리 자신을 비추어 볼 수 있는 기준이 되시는 분은 누구입니까?

12. 고린도후서 13:5에서, 우리 자신을 평가하는 목적은 무엇입니까?

13. 고린도후서 12:7-10을 읽으십시오. 자아상은 때로 삶에서 겪는 신체적인 문제나 결점이나 약점, 곤경 등에 영향을 받습니다. 바울은 자신을 괴롭히는 육체의 가시를 제거하여 주시기를 하나님께 세 번이나 간구했습니다. 이 기도에 하나님께서는 어떻게 응답하셨으며, 바울은 어떤 반응을 보였습니까? 하나님께서 바울의 기도를 들어주시지 않은 이유는 무엇입니까?

    이는 그 밖의 부정적인 환경을 대하는 바울의 태도에 어떤 영향을 주었습니까? 10절

14. 자신이 이전부터 싫어하거나 불리하게 여겼던 점, 이를테면 약점, 결점, 흠이나 문제점, 또는 신체적 특징 중 하나를 적어 보십시오.

하나님께서 당신의 유익을 위하여 이를 어떻게 사용하실 수 있다고 생각합니까?

건강한 자아상의 유지

자아상은 각 사람의 기질과 능력, 체질, 또는 부모, 가족, 친구, 선생님, 그리고 삶에서 겪은 독특한 경험 등 수많은 요소에 영향을 받습니다. 이러한 요소가 자신에 대한 생각에 얼마나 많은 영향을 끼쳐 왔는지 잘 모를 수도 있습니다. 그러나 성령을 모시고 있고 성경 말씀을 소유하고 있는 그리스도인으로서 우리는 지금 이 순간 건강한 자아상을 형성하고 유지하기 위한 발걸음을 적극적으로 내디딜 수 있습니다.

15. 다음 각 성경 구절을 읽고, 자신에 관하여 말씀하고 있는 바를 적으십시오. 그다음 이 말씀을 자신의 태도와 행동에 어떻게 적용할지를 적어 보십시오. 예를 들면, 하나님을 신뢰한다거나, 하나님께 감사한다거나, 자기를 있는 그대로 용납한다든지 등등.

예: 로마서 8:28-29

내가 겪고 있는 역경에 대하여:

내가 하나님을 사랑할 때 하나님께서는 모든 일이 합력하여 내게 선을 이루도록 역사하신다.

태도 또는 행동:

역경 가운데서도 늘 하나님을 신뢰해야 하며 결코 불평해서는 안 된다. 지난주에 우박이 내려 우리 집 정원을 망쳐 놓아 불평을 터뜨렸는데 옳지 않은 행동이었다.

시편 139:13-16

내가 지으심을 받은 과정에 대하여:

태도 또는 행동:

빌립보서 4:11-13
나의 능력에 대하여:

태도 또는 행동:

사무엘상 16:7
하나님께서 나를 평가하시는 방법에 대하여:

태도 또는 행동:

마태복음 10:29-31

하나님 앞에서 나의 가치에 대하여:

태도 또는 행동:

로마서 12:4-8

그리스도의 몸 안에서 나의 역할에 대하여:

태도 또는 행동:

고린도전서 6:19-20

나의 몸에 대하여:

태도 또는 행동:

16. 로마서 12:3을 읽으십시오. 자기 자신에 대해 어떻게 생각해야 합니까?

17. 로마서 12:4-8을 다시 묵상해 보십시오. 자신의 장점, 능력, 자질 등을 몇 가지 적은 후, 이에 대하여 지금 하나님께 감사 기도를 하십시오.

자신이 기록한 목록을 배우자에게 보여 주고 확인을 요청하거나 빠진 게 있으면 보충해 주도록 부탁하십시오.

18. 자기 자신에게 있는 바람직하지 못한 특성은 무엇입니까?

바람직하지 못한 특성은 때때로 장점이 왜곡되어 나타난 결과이기도 합니다. 이를테면 인색함을 근본적으로 검소하다고 할 수 있을지는 모르지만 그것은 검소한 정도를 넘어섰다고 할 수 있습니다. 다음 표는 특성 간의 이 같은 관계를 보여 줍니다. 바깥쪽 난에 적은 특성은 바람직한 특성의 '양극단'을 나타냅니다. 가운데 두 줄은 바람직한 특성이되 다소 반대되는 성질을 나타냅니다. 그러므로 인색한 사람은 좀 더 후한 사람이 되는 법을 배울 수 있고, 그럴 때 그는 이제 인색한 사람이 아니라 검소한 사람이 됩니다.

왜곡된 특성	바람직한 특성		왜곡된 특성
인색함	검소함	후함	재정적 무책임
젠체함	열정적	점잖음	뒤로 뺌
감정이 메마름	객관적	주관적	너무 감정적
꽉 막힘	절제됨	자율적	제멋대로

19. 앞의 표에 설명한 내용을 사용하여 배우자의 도움을 받아 18번에 적은 바람직하지 못한 각 특성과 연관하여 바람직하다고 생각되는 특성을 각각 적어 보십시오.

20. 자신이 가진 바람직한 특성 중 배우자와는 다른 특성을 몇 가지 적어 보십시오. 그중 하나를 골라서 이 점이 자신의 결혼 생활에서 어떻게 유익하게 사용될 수 있는지 적어 보십시오.

21. 배우자의 어떤 점을 좋아하는지 다 적어 보십시오. 그다음 배우자에게 사랑의 편지를 쓰십시오.

22. 현재 또는 과거에 자신에 대하여 한이 맺히거나, 쓴 뿌리를 품거나, 신뢰하지 못하거나, 그 밖에 그릇된 태도를 갖게 한 점이 있다면 적어 보고, 자신의 잘못된 태도를 즉시 하나님께 자백하십시오.

이 경험을 통해서 배운 교훈은 무엇입니까? 하나님께서는 지금 당신을 보고 계신다는 사실을 기억하십시오.

당신이 배운 교훈을 생활 가운데 어떻게 적용할 수 있겠습니까? 하나님께 도움을 구하십시오. 하나님께서 이를 사용하셔서 자신의 삶과 인격을 어떻게 변화시키실지 생각해 보십시오. 성령의 능력을 힘입어 그 일을 해 나가십시오.

지금까지 하나님께서 자신의 삶 가운데서 이 일을 해 오신 것에 감사하십시오. 또한 앞으로도 계속해서 이 일을 이루어 가실 것을 믿고 하나님께 감사하십시오.

적 용

23. 이 과에서 배운 교훈은 무엇입니까? 아래 빈칸에 적어 보십시오.

가족의 공동 과제를 위한 제안

각 과의 끝에 실려 있는 **가족의 공동 과제를 위한 제안**은 각 과에서 공부한 성경의 원리를 실천할 수 있는 값진 활동이 됩니다. 여기에서 제안하는 사항을 읽으면서 창의적인 실천 방법을 찾아보십시오. 가족 모두에게 의미 있고 즐거운 활동이 되도록 하십시오. 이 시간을 부모와 함께 즐길 수 있을 만큼 나이가 든 자녀가 있다면 모두 함께 참여하도록 계획을 세우십시오. 만약 자녀가 모두 성장했다면 각기 자신의 생각과 질문을 터놓고 더욱 깊이 토의할 수 있는 시간을 갖도록 하고, 부모를 도와 실천 계획을 세우는 일에 참여하게 하십시오.

가. 가족이 함께 모이는 시간을 이용하여 각자 다른 사람의 장점을 생각해 보고 가능한 한 많이 적어 보게 하십시오. 그런 다음에 같이 읽고 하나님께서 가족 각 사람을 독특하고 재능 있고 가치 있는 사람으로 만들어 주신 점에 대하여 함께 감사 기도를 하십시오.

나. 하나님께서 가족 한 사람 한 사람에게 해 주신 모든 일에 대하여 감사하는 편지를 하나님께 쓰십시오. 특별히 이를 통하여 성경적인 건강한 자아상을 갖도록 해 주신 것에 대하여 하나님께 감사하십시오.

제 2 과

의사소통

남편과 아내 사이의 원활한 의사소통은 서로 간에 더욱 깊은 즐거움을 줄 뿐 아니라, 부부간의 갈등을 해결할 수 있는 능력을 주고, 또한 각자의 책임에 대하여 더 폭넓게 이해할 수 있도록 도와줍니다.

성경적 관점

1. 의사소통이 무엇인지 정의해 보십시오.

2. 성경적인 의사소통의 지침은 무엇입니까? 에베소서 4:15, 골로새서 3:9

3. 진실을 말해야 하는 이유는 무엇입니까? 에베소서 4:25

4. 에베소서 4:26-27에서 분노에 대해 가르쳐 주는 내용은 무엇입니까?

5. 의사소통의 목적은 무엇입니까? 에베소서 4:29

6. 의사소통에서 피해야 할 점은 무엇이며, 어떤 축복이 따릅니까? 베드로전서 3:10

7. 누가복음 6:45에 따르면 우리가 무슨 말을 할지를 결정하는 주된 요소는 무엇입니까?

8. 다음 구절은 의사소통에서 경청에 관하여 무엇을 말해 줍니까?
잠언 18:13

잠언 19:20

야고보서 1:19

경청한다는 것은 상대방의 말을 귀 기울여서 듣는 것입니다. 들으면서 그 말이 옳은지 그른지 판단하지 말고, 우선 그의 생각이나 감정을 그대로 받아들이는 것입니다. 상대방의 말을 정말로 경청했다면 그 말의 내용과 감정까지 정확하게 되풀이할 수 있어야 합니다. 상대방의 말이 끝나면 무슨 말을 할까를 생각하고 있었다면 경청한 게 아닙니다.

9. 때에 맞게 올바른 말을 선택하여 사용하면 의사소통에 큰 도움이 됩니다. 다음 말씀에서 보여 주는 원리를 자신의 말로 쓰십시오.

잠언 10:32

잠언 15:23

잠언 15:28

잠언 29:20

골로새서 4:6

10. 바람직한 의사소통을 위해서는 말하지 않아야 될 때를 아는 것도 중요합니다. 아래 구절에서 보여 주는 원리를 적어 보십시오.

잠언 10:19

잠언 11:13

잠언 13:3

잠언 17:27

야고보서 1:26

11. 다음 각 내용과 관계되는 구절을 고르십시오.

____	화를 내는 것은 어리석다.	가. 잠언 17:9
____	다투기를 좋아하는 사람과 함께 사는 것은 달갑지 않다.	나. 잠언 21:9
____	서로 용서하라. 과거의 잘못을 들추어내지 말라.	다. 잠언 25:12
____	슬기로운 책망은 귀중하다. 반드시 경청해야 한다.	라. 전도서 7:9

12. 다음에서 다섯 가지 수준의 의사소통에 대한 설명을 읽고, 자신의 결혼 생활에서 평상시에 하고 있는 가장 깊은 수준의 의사소통이라고 생각되는 항목에 표시를 하십시오.

□ 판에 박은 듯한 일상 대화

"오늘은 기분이 좀 어떠세요?" "괜찮은 편이오."

□ 사실 전달

"신문 배달이 또 늦는군."

□ 생각과 판단

"저는 남편들도 모두 기저귀 가는 법을 배워야 한다고 생각해요."

"난 그렇게 생각하지 않아요."

□ 느낌과 감정

"오늘같이 눈이 오고 울적한 날에는 난로 곁에 앉아 있고 싶어요."

"나도 그래요. 난로 곁에 있으면 편안해지고 속까지 훈훈해진단 말이야."

□ 깊고 솔직하고 허심탄회한 대화

"난 우리 가정을 잘 이끌어 가지 못하고 있는 것 같소. 이 문제를 함께 이야기해 볼까 하는데, 당신 생각은 어떤지 알고 싶소." "네, 그래요. 당신이 생각한 걸 말씀해 보세요."

가장 깊은 수준의 대화를 했던 예를 한 가지 적어 보십시오.

13. 배우자와 좀 더 깊은 의사소통을 해야 할 필요가 있다고 생각되는 영역을 열거해 보십시오.

이 영역에서 보다 깊은 의사소통을 하기 위해 자신이 할 수 있는 일은 무엇입니까?

14. 다음 잠언의 각 구절에서 가리키는 말은 어떤 유형의 말인지 설명하고, 이러한 말이 지닌 효과를 말해 보십시오.

설 명	효 과
잠언 11:9	
잠언 12:18	
잠언 12:25	

설 명	효 과
잠언 15:1	
잠언 16:21	
잠언 16:24	
잠언 18:6	
잠언 26:28	

의사소통의 향상

15. 부부간의 의사소통을 돌이켜 볼 때 **나의** 문제라고 생각되는 항목을 골라 표시를 하십시오.

□ 내가 말하고 싶은 걸 표현하기에 꼭 맞는 말을 찾을 수가 없다.

□ 속마음을 드러내 놓다가는 거절당하게 될까 봐 두렵다.

□ 대화를 하려고 애써 보긴 하겠지만 무슨 도움이 될지 확신이 없다.

□ 가끔 내 의견이 틀렸을까 봐 두려워서 입을 다물고 말을 하지 않는다.

□ 너무 화가 나서 말을 못하겠다.

□ 털어놓고 이야기하면 일이 더 악화될 뿐이다.

□ 이야기는 나 혼자 다 해 버리고 배우자에게는 말할 기회도 주지 않는다.

□ 나는 하나님과의 친밀한 대화가 거의 없다.

□ 나는 진실을 숨기려 한다.

□ 내 말은 때때로 방어적이다.

□ 배우자의 과거의 잘못을 자주 들먹인다.

□ 나의 말과 행동은 일치되지 않는다.

□ 상대방의 말을 진정으로 경청하지 않는다.

□ 분에는 분으로, 모욕에는 모욕으로 갚는다.

□ 배우자를 너무 못살게 들볶는다.

자신이 표시한 것 중 하나를 골라서 그 문제를 해결하기 위하여 어떤 조치를 할 계획인지 적어 보십시오.

의사소통을 향상시키는 방법
1. 아는 체하지 말고, 모르면 물어보라. 2. 개방적이고 용납하고 받아들이는 분위기를 만들라. 3. 칭찬하는 말을 아낌없이 하라. 4. 서로를 위해 기도하고, 함께 기도하라. 5. 의견은 얼마든지 달리할 수 있되 부드럽게 하라. 6. 잘 경청하는 자가 되도록 힘쓰라. 7. 배우자의 자부심을 길러 주라. 8. 이해해 주기를 기다리기보다는 이해하기를 더욱 힘쓰라. ("잘 모르겠는데요. 다시 한번 말씀해 주시겠어요?") 9. 배우자에게 잘못을 했을 때 그 사실을 인정하고 용서를 구하라. 구체적으로 말하라. ("용서해 주겠소?" "그럼요, 용서하고 말고요.")

적 용

16. 이 과의 문제와 답을 기도하는 마음으로 복습한 후 배운 교훈을 적어 보십시오.

17. 아래 두 가지 중 적어도 한 가지는 실행에 옮기십시오.

부부간의 의사소통을 향상시키기 위해 하나님께서는 당신이 어떤 단계를 밟기 원하시는가 보여 주시기를 기도한 후, 자신의 계획을 기록하십시오.

자신이 배운 점을 구체적으로 기록하고, 배우자와 더욱 효과적으로 의사소통을 하기로 배우자에게 약속하는 서약서를 쓰십시오.

가족의 공동 과제를 위한 제안

자녀를 한 명씩 개별적으로 데리고 나가서 함께 산책을 하거나, 제과점이나 식당에서 함께 음식을 들면서 그가 하는 말에 귀를 기울여 들어주십시오. 자신이 하고 싶은 말 대신에 아이의 말에 관심을 갖고 들으며 질문을 해 보십시오. 자연스럽고 숨김없는 대화를 나누는 시간을 가져 보십시오. 부모가 각각 서로 다른 시간에 할 수도 있습니다.

제 3 과

사랑과 사랑하기

사랑은 결혼 생활의 고유한 면이 아닙니다. 오히려 결혼 생활이 사랑의 독특한 면입니다. 결혼 생활은 사랑을 보장해 줄 수 없지만, 사랑은 결혼 생활을 보장해 줍니다. 성경적인 사랑에 기초를 두지 않는 결혼 생활에는 한계가 있습니다. 그러나 그리스도의 사랑이 결혼 생활을 주장할 때는 한량없는 기쁨과 평안을 맛보게 됩니다.

그러면 성경 말씀을 통해 사랑이 무엇이며, 그리스도인의 결혼 생활에 어떻게 적용될 수 있는가를 찾아보도록 합시다.

하나님의 사랑

1. 요한일서 4장의 다음 구절은 사랑에 관하여 무엇을 말하고 있습니까?
   8절

   12절

   19절

2. 하나님은 사랑이시며, 하나님의 사랑은 우리가 실천해야 할 사랑의 본보기입니다. 다음 구절에서 하나님의 사랑을 보여 주는 구체적인 성품을 관찰할 수 있습니다. 이러한 성품이 어떻게 표현되어 있는가를 공부하고, 하나님께서 이러한 성품을 우리에게 어떻게 나타내시는가를 설명하십시오.

	특 성	우리에게 나타내신 방법
출애굽기 34:6-7	자비	
	은혜	
	노하기를 더디 하심	
	인자	
	진실	
	용서	
	공의	
신명기 33:12	보호	
시편 89:32-33	성실	

예레미야 31:3	변치 않으심
요한복음 3:16	한없이 주심
로마서 5:8	무조건적임

3. 로마서 8:38-39에 따르면, 하나님의 사랑에서 우리를 끊을 수 있는 것은 무엇입니까?

4. 성경에 나타나 있는 하나님의 성품을 알게 되면 하나님의 사랑을 올바로 이해하게 되는 동시에 하나님께 합당한 반응을 보일 수 있게 됩니다. 시편 63:3에서 다윗은 하나님의 사랑에 어떤 반응을 보였습니까?

결혼 생활에서의 사랑

5. 요한복음 13:34-35에서 예수님께서 가르쳐 주신 사랑에 대한 교훈을 읽으십시오. 부부간의 사랑의 수준은 무엇이며, 그렇게 사랑해야 하는 이유는 무엇입니까?

6. 마태복음 22:34-40을 읽으십시오. 두 번째로 큰 계명은 무엇입니까?

이 계명은 결혼 생활에 어떻게 적용됩니까?

7. 골로새서 3:14을 읽으십시오. 부부를 하나가 되게 하는 근원은 무엇입니까?

이 사랑이 자연히 생긴다고 생각합니까? 왜 그렇습니까? (왜 그렇지 않습니까?) 갈라디아서 5:22 참조

서로 연합하지 못하여 부부 사이의 관계를 악화시킬 수 있는 원인을 한 가지 들어 보십시오.

이를 해결하기 위해 당신이 해야 할 일은 무엇입니까?

8. 자신의 결혼 생활을 사랑의 관점에서 바라볼 때 고린도전서 8:1과 에베소서 4:29에서 어떤 교훈과 적용을 이끌어 낼 수 있겠습니까?

교 훈	적 용

9. 베드로전서 3:8-9을 읽고 부부 사이에 있어야 할 특성을 열거해 보십시오.

10. 요한일서 4:18의 원리는 부부 사이에서 마음을 솔직하게 표현하는 면을 어떻게 향상시켜 줄 수 있습니까?

남편의 사랑

11. (남편에게) 당신이 아내에게 사랑한다는 말을 할 때 그 말의 속뜻은 무엇입니까?

12. 에베소서 5:25-30에서 하나님께서 남편들에게 주신 명령을 살펴보고, 이 말씀에 비추어 볼 때 남편이 아내에게 사랑을 나타내는 방법으로 적절하지 않은 문장에 모두 표시를 하십시오.

☐ 하나님께서 남편에게 아내를 다스리도록 주신 권위를 내세움

☐ 누가 잘못했든 간에 팽팽하게 맞서 있거나 깨어진 관계를 회복하는 일에 항상 먼저 주도권을 잡음

☐ 아내의 행복을 위해 자신을 희생적으로 드림

☐ 정신적으로 육체적으로 아내를 사랑함

☐ 아내의 영적 건강을 부부간의 관계에서 첫째 우선순위에 둠

☐ 하나님이 원하시는 사람이 될 수 있도록 아내를 격려하고 도와줌

☐ 가정에서 아내로서의 도리를 다하도록 강요함

13. 에베소서 5:28-29을 다시 살펴보고 남편이 아내를 위하여 어떻게 하면 이런 배려를 할 수 있을지 적어 보십시오.

14. 베드로전서 3:7을 기초로 하여 다음 내용을 평가해 보고 자신의 생각을 적으십시오.

"성경은 남편에게 아내를 귀히 여겨야 한다고 말씀하고 있다. 아내가 여자로서 남편과 다른 점이 있을 때 이는 아내를 깎아내리는 이유가

될 수 없고 도리어 아내를 귀히 여겨야 하는 이유가 된다."

"만약 하나님과의 관계에서 어려움을 겪고 있는 남편이라면, 자신이 아내를 귀히 여기고 있는지 진지하게 돌아보는 게 지혜롭다."

15. 결혼 생활을 해 나갈 때 언어를 사용하든 않든, 태도는 서로에게 그대로 전달됩니다. 다음 문장은 아내를 사랑하는 남편이 아내에게 전달해야 하는 올바른 태도를 설명하고 있습니다. 각각의 문장을 알맞은 성구와 짝지으십시오.

____ "난 당신 없인 살아갈 수 없소."	가. 잠언 18:22
____ "당신과 결혼한 후로 나는 주님과의 관계가 더욱 깊어졌소."	나. 잠언 31:10-11
____ "당신 최고!"	다. 잠언 31:28-29
____ "당신은 무슨 일이든 다 할 수 있다고 난 굳게 믿어요."	라. 창세기 2:18

아내의 사랑

16. (아내에게) 당신이 남편에게 사랑한다는 말을 할 때 그 말의 속뜻은 무엇인지 간단하게 적어 보십시오.

17. 에베소서 5:25에서는 아내를 사랑하라고 남편에게 명령하면서 사랑을 '아가파오'라는 헬라어로 표현하고 있습니다. 아가파오의 사랑은, 감정의 충동도 아니고, 타고난 기질 때문에 저절로 생겨나는 것도 아니며, 어떤 매력이 있는 사람을 대상으로 하는 것도 아닙니다. 사랑은 모두의 행복을 구합니다.

    한편 디도서 2:4에서는 남편을 사랑하라고 아내에게 권면하면서 사랑을 '필레오'라는 헬라어로 표현하고 있습니다. 필레오는 앞에서 사용된 아가파오와는 구별됩니다. 필레오는 섬세한 애정에 좀 더 가깝습니다.

    이 두 가지 예에서 보듯이 남편과 아내가 각각 실행해야 할 서로 다른 형태의 사랑은 당신에게 어떤 의미를 주고 있습니까?

18. 디도서 2:4-5을 읽으십시오. 남편에 대한 사랑(필레오)과 연관하여 아내의 책임은 무엇입니까?

19. 잠언 31:12-27에서 아내가 남편에게 사랑을 나타낼 수 있는 방법으로 또 어떤 것이 있습니까?

20. 잠언 27:15에서 사랑이 결핍된 모습은 무엇입니까?

21. 베드로전서 3:1-6을 읽으십시오. 아내로서 계발해야 할 점과 연관하여 "너희 단장은, 머리를 꾸미고 금을 차고 아름다운 옷을 입는 외모로 하지 말고, 오직 마음에 숨은 사람을 온유하고 안정한 심령의 썩지 아니할 것으로 하라"라고 권면한 의미가 무엇입니까?

이 면을 계발하기 위하여 당신은 어떻게 하겠습니까?

적 용

22. 이 과의 문제와 답을 기도하는 마음으로 복습하면서 사랑에 관하여 자신의 생활에 적용할 교훈을 찾아 삶 속에서 어떻게 적용할지 적으십시오.

가족의 공동 과제를 위한 제안

서로 다음 질문을 해 보십시오. “배우자가 무엇을 해 주면 나는 사랑을 받고 있다고 느끼는가?” 이 질문에 대하여 백지를 한 장 준비해서 상단에 “나는 당신이 …할 때 사랑을 받고 있다고 느낀다”라고 쓰고, 이 질문에 대한 답을 생각나는 대로 많이 적어 보십시오. 부부 둘이서만 할 수도 있고, 자녀와 함께 해도 좋습니다.

예: “내가 가계부를 정리하고 있는데 커피를 한 잔 끓여다 줄 때.”

제 4 과

갈등의 해결

갈등은 인간관계의 발전 과정에서 나타나는 정상적이고 자연스러운 현상으로서, 특히 결혼 생활에서와 같이 각기 독특한 개성을 지닌 두 사람이 하나의 친밀한 연합으로 들어가는 과정에서 더욱 잘 드러납니다. 결혼 생활에서 갈등이 생기는 이유는 남편과 아내가 각각 다른 의견, 가치관, 철학, 방법 등을 가지고 있기 때문입니다. 결혼 생활에서 생기는 갈등을 어떻게 다루느냐에 따라 부부 사이가 더욱 발전하기도 하고 파괴되기도 합니다. 갈등을 해결하는 기술은 건강한 결혼 생활을 유지하는 열쇠입니다. 이는 성숙의 척도이며 일생에 걸쳐 '둘이 한 몸이 되는' 과정이기도 합니다.

갈등의 원인

남편과 아내는 각각 독특합니다. 각기 서로 다른 생각과 행동을 나타냅니다. 한쪽이 보다 논리적이며 객관적인 반면에, 한쪽은 감정적이고 충동적일 수도 있습니다. 어느 한편이 활동적이고 진취적인 반면에 다른 한편은 좀 더 민감하고 감정적으로 안정되어 있을 수도 있습니다. 그 차이점이 어떤 것이든 남편과 아내는 서로를 이해하고 서로를 격려하기 위해 함께 노력하여야 합니다.

1. 각 사람은 타고난 성격의 차이점 외에도 갈등의 근원이 될 수 있는 또 다른 요소가 있습니다. 다음 구절을 읽고 갈등의 원인을 다루는 올바른 방법에 대하여 가르치고 있는 바를 적으십시오.

   믿음의 강도 차이 - 로마서 14:1

   연약한 사람의 약점 - 로마서 15:1-2

   다툼이나 허영심 - 빌립보서 2:3-4

2. 다음 구절에서 갈등의 잠재적 근원이 될 수 있는 요소는 무엇인지 찾아 적어 보십시오.
   예레미야 17:9

로마서 7:18-19

3. 야고보서 4:1-3에서 보여 주는 갈등의 근원을 요약하십시오.

4. 고린도전서 3:1-3을 읽으십시오. 고린도 교인들 사이에서 일어나는 시기와 분쟁에 대한 이유를 무엇이라 했습니까?

5. 다음은 결혼 생활에서 연합을 방해하는 갈등 요인을 열거한 목록입니다. 이 목록을 보고 자신을 평가해 보십시오. 각각의 요인이 자신의 결혼 생활에 얼마나 영향을 미치는지 등급을 매겨 보십시오.

× – 전혀 갈등을 일으키지 않는다

△ – 가끔 갈등을 일으킨다

○ – 자주 갈등을 일으킨다

환 경	행동 특성
___ 피로	___ 비현실적인 기대
___ 필요가 채워지지 않음	___ 대화를 기피함
___ 경제적 어려움	___ 비꼬거나 깎아내리는 말
___ 바쁜 일과	___ 잘못된 추측
___ 가정 배경	___ 결론의 비약
___ 친척	___ 융통성 결여
___ 하나님과의 교제 부족	___ 짜증스러운 버릇
___ ______________	___ 눈치 없는 말이나 행동
___ ______________	___ 잔소리
___ ______________	___ ______________

답에 대하여 배우자와 함께 토의를 하십시오. 갈등은 그 원인을 알아내어 차례로 제거해 나가거나 또는 최소한 그 원인 때문에 생겨나는 영향을 줄이면 간단하게 해결되곤 합니다.

6. 마태복음 7:1-5을 읽고 아래에서 알맞은 답을 모두 고르십시오.

☐ 대인관계에서 갈등은 피할 수 없다.

☐ 갈등은 다른 사람의 실수와 약점을 눈감아 줌으로써 피해야 한다.

☐ 자신의 잘못을 깨닫고 고치지 않으면 갈등이 더욱 커진다.

☐ 상대방의 결점이나 약점을 비판하지 않으면 갈등은 피할 수 있다.

7. 갈라디아서 3:26-28의 교훈을 결혼 생활에서 생기는 갈등에 어떻게 적용할 수 있습니까?

8. 다음을 읽고 자신의 생각에 표시하십시오.

(1) 남편과 아내와의 차이점 때문에 갈등은 늘 일어난다.
예 / 아니요

(2) 갈등은 남편과 아내의 개인 성장에 필요한 중요한 요소이다.
예 / 아니요

(3) 갈등이 있다고 해서 항상 다툼이 따르지는 않는다.
예 / 아니요

(4) 결혼 생활에서 해결되지 않은 갈등은 대개 '문제'가 된다.
예 / 아니요

(5) 묵은 갈등을 해결하지 않은 채 그냥 두면 '문제'는 더욱 심각해진다.
예 / 아니요

갈등의 해결

9. 다음 중에서 최근에 부부간에 생긴 갈등에 대하여 자신이 보인 반응을 한 가지 고르십시오.

□ "그런 걸 끄집어내다니! 그건 우리 사이를 해칠 만큼 중요한 게 아니잖소? 그러니 난 그걸 잊어버리겠소."

□ “이 문제는 풀 길이 없소. 얘기해 보나마나요.”

□ “그 문제를 같이 얘기 좀 해 봅시다. 주님께서 우리를 도와 해결해 주실 거요.”

□ “언젠가는 그 문제를 이야기하겠지만, 오늘은 그 문제가 저절로 해결될 건지 가만히 앉아서 기다려 보겠소. 얘기할 게 그거 말고도 많이 있단 말이오.”

이렇게 할 때의 이점과 손실은 무엇입니까?

10. 마태복음 5:23-24과 마태복음 18:15-18을 비교해 보십시오. 이 두 구절의 원리는 기본적으로 어떤 점에서 같습니까?

어떤 점에서 다릅니까?

11. 마태복음 5:23-24에서, 갈등을 해결하지 않았을 때 나타날 수 있는 현상은 무엇입니까?

12. 마태복음 6:14-15에서, 갈등을 해결하는 것은 어떤 점에서 중요합니까?

갈등이 해결되지 않으면 하나님과의 관계에 어떤 영향을 미칩니까?

13. 문제 10-12의 성경 말씀에서 보여 주신 원리를 자신의 말로 요약하여 보십시오.

14. 고린도전서 13:6에 의하면 사랑은 갈등을 어떻게 해결할 수 있습니까?

15. 사무엘상 15:1-15을 읽으십시오. 사무엘이 자신의 죄를 책망할 때 사울은 처음에 어떤 반응을 보였습니까?

16. 사무엘하 12:1-13을 읽으십시오. 자신의 죄가 드러났을 때 다윗이 보인 반응은 사울이 보인 반응과 어떻게 달랐습니까?

17. 성령께서 배우자를 통하여 갈등의 원인이 당신의 죄 때문이라는 사실을 분명히 보여 주셨다면, 어떤 반응을 보이는 것이 하나님을 가장 기쁘게 해 드린다고 믿습니까?

그런 상황에 부딪혔을 때 당신이 보이는 반응은 대개 어떠합니까?

18. 누가복음 17:3-4에서 화해와 연관하여 예수님께서 가르쳐 주신 교훈은 무엇입니까?

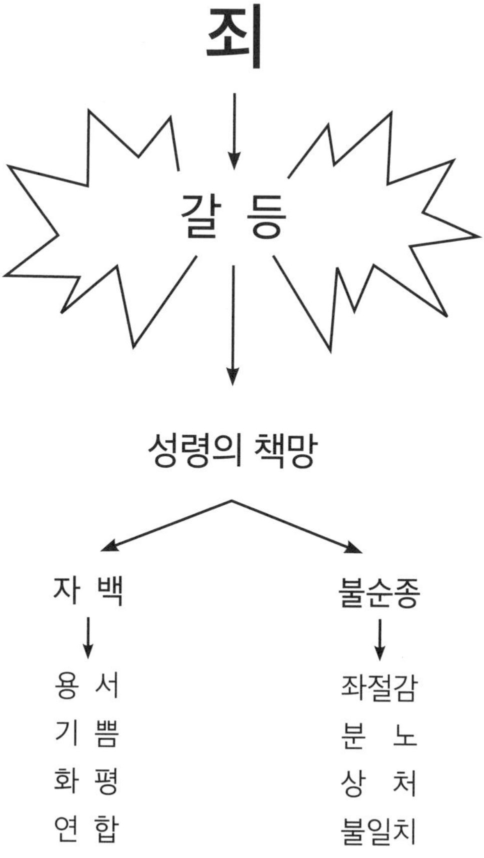

갈등 해결을 위한 네 가지 제안
1. 배우자가 사과할 때까지 기다리지 말고 먼저 사과하라. 2. 갈등을 계속 뒤로 미루면서 키우지 말라. 3. 갈등 자체에 초점을 맞추고, 상대방을 공격하지 말라(인신공격이 될 수 있음). 4. 갈등이 고조되고 있을 때 팽개치고 뛰쳐나가지 말라.

19. 위의 네 가지 제안을 아래와 같이 자신과 연관시켜 긍정적인 표현으로 바꾸어 쓰십시오.

(1) 잘못이 둘에게 다 있다 할지라도 잘못을 깨달은 즉시 내가 먼저 사과해야 한다.

(2)

(3)

(4)

적 용

20. 이 과에서 배운 교훈을 요약해서 정리하십시오.

21. 결혼 생활을 하면서 갈등이 있다면 이를 해결하기 위해 다음 한 주 동안 어떻게 할지 적으십시오. 이 행동의 기초가 되는 성경의 원리도 적으십시오.

가족의 공동 과제를 위한 제안

갈등 해결을 위하여 배우자와 다음 제안을 토의해 보십시오.

(1) 서로 얼굴을 마주 대하고 앉으십시오.
(2) 토의가 열기를 띠어 가면 목소리를 낮추고 큰소리를 피하십시오.
(3) 두 사람 모두 갈등의 이유가 무엇인지 이해할 수 있도록 문제를 명확히 규명하십시오.

(4) 두 사람의 힘으로 해결하지 못한 경우에는 부부가 믿고 존경하는 사람(이를테면 목사님이나 가까운 친구)에게 조언을 구하십시오. 제3자는 좀 더 객관적인 때가 많습니다.

(5) 갈등의 해결에 최우선순위를 두십시오. 계획된 약속이나 활동을 취소하는 한이 있더라도 이 일만은 뒤로 미루지 마십시오.

제 5 과

성생활

성에 대한 태도

남녀 간의 육체관계에 관한 성경의 원리를 공부하기에 앞서 세상에 일반적으로 널리 퍼져 있는 사고방식을 잠시 살펴보도록 하겠습니다. 여기에는 두 가지 극단적인 생각이 있습니다.

성애주의. 성애주의에서는 도덕적 또는 영적 절대성은 없다고 말한다. 이 사상은 육체에 최고의 중요성을 부여하면서 인간 자신의 육체적 욕구를 만족시키는 데서 최고의 선을 찾는다.

금욕주의. 금욕주의에서는 육체적 만족을 구하는 것은 모두 악이라고 주장한다. 그러므로 육체에 속한 것은 즐겨서는 안 되며, 성적인 욕구와 성적 표현은 모두 악하고 영적인 가치가 결여된 것으로 본다. 성이란 단순히 인간의 종족 번식을 위한 수단일 뿐이라고 간주한다.

다음 문제 1-4에 나오는 네 가지 질문은 성에 대한 각자의 배경을 이해하는 데 도움을 줍니다.

1. 당신의 성장기에 당시 사회에서는 성에 대해 어떤 흐름이 주류를 이루고 있었습니까? 알맞은 답에 표시하십시오.

매우 금욕적	다소 금욕적	다소 성애적	매우 성애적

2. 당신의 성장기에 가족은 성에 대한 이야기를 할 때 주로 어떤 태도였습니까?

폐쇄적	신중함	개방적	경솔함

3. 당신이 현재 성에 대하여 느끼는 감정에 가장 큰 영향을 준 것은 성애주의와 금욕주의 중 무엇입니까?

4. 당신의 배우자가 현재 성에 대해 가지고 있는 느낌에 가장 큰 영향을 미친 것은 둘 중 어느 편이라고 생각합니까? 배우자에게 물어보지 말고 당신 자신의 생각을 말하십시오.

위의 네 가지 질문에 답한 후, 배우자와 함께 이 문제를 토의하여 보십시오.

5. 베드로전서 4:1-5을 읽으십시오. 하나님께서 성애주의에 대하여 그리스도인이 갖기를 원하시는 태도를 가장 적절하게 표현한 문장은 무엇입니까?

□ 그리스도인의 결혼 생활에서 최대의 성적 만족을 얻기 위하여 성애주의는 필수이다.

□ 성애주의는 하나님의 뜻에 위배된다.

□ 만약 성애주의가 부부 관계에 도움이 되고 상호 간의 욕구를 충족시켜 준다면 받아들일 만하다.

6. 골로새서 2:20-23을 읽으십시오. 이 구절에서는 금욕주의에 대하여 어떻게 말하고 있습니까?

21절에 기록된 규칙은 어디에서 나온 것입니까?

이 규칙은 어디에 효과가 있습니까? 23절

7. 디모데전서 4:1-3을 읽으십시오. 금욕주의 사상을 가지고 있는 사람들에 대하여 어떻게 말씀하고 있는지 고르십시오.

□ 이들은 하나님의 뜻을 진지하게 찾고 있다.

□ 이들은 잘못된 길을 따라왔다.

□ 이들은 양심이 화인 맞은 위선자들이다.

□ 이들은 훈련이 되어 있어서 유혹 앞에서도 잘 견딜 수 있다.

8. 디모데전서 4:3-5에 따르면 성적 즐거움에 대하여 그리스도인은 어떤 태도를 가져야 합니까?

9. 성에 관한 이 두 가지 생각에 대하여 성경은 어떻게 가르치고 있는지 자신의 말로 요약하여 보십시오.

성에 대한 하나님의 목적

10. 사람은 하나님의 형상대로 창조되었습니다. 창세기 1:27을 읽고 하나님께서 사람을 창조하신 방법에서 또 한 가지 두드러진 특징을 찾아 적으십시오.

11. 아래 구절을 보고 하나님께서 사람을 남자와 여자로 창조하신 목적을 적어 보십시오.

    창세기 2:24

    창세기 4:1

    잠언 5:18-19

12. 창세기 1장 27절과 31절을 비교하십시오. 남자와 여자를 창조하신 후 하나님 보시기에 어떠하였습니까?

13. 창세기 2:25에서 아담과 그 아내 하와는 서로에 대해 어떻게 느끼고 있었습니까?

창세기 3:6-10을 읽으십시오. 아담과 하와의 태도가 바뀐 이유는 무엇입니까?

이 두 구절에서 무엇이 그들의 태도에 변화를 가져왔습니까?

14. 성에 대한 당신의 감정은 창세기 2:25과 창세기 3:7의 특성 중 어느 쪽에 더 가깝게 느껴집니까? 왜 그렇습니까?

15. 아가 5:10-16과 7:1-9을 읽고 다음 질문에 대한 가장 좋은 대답(들)을 고르십시오. 남편과 아내는 성적 욕구를 불러일으키는 상대방의 특성에 대하여 어떻게 생각해야 합니까?

☐ 어떤 특성에 대해 강한 매력을 느끼더라도 이를 표현하는 것은 천박하다.

□ 그런 욕구를 일으키는 특성에 대해 느낌을 숨김없이 그대로 표현할 수 있는 자유로움을 가져야 한다.

□ 그런 감정은 본질상 영적이지 않으며, 따라서 단정한 옷차림과 외모로써 그런 감정이 일어나지 않게 해야 한다.

성적 표현에 대한 하나님의 계획

16. 고린도전서 6:9-10을 읽으십시오. 성적 표현 중 하나님께 용납되지 않는 형태는 무엇입니까?

17. 히브리서 13:4에서는 성생활은 결혼 생활 안에서만 허용된다는 사실에 대하여 어떻게 설명하고 있습니까?

18. 다음 두 구절의 내용을 비교해 보고 각각에 대한 자신의 생각을 적으십시오.
    아가 4:1-5:1

    잠언 7:1-23

19. 다음 구절은 성생활에 관하여 무엇을 말하고 있습니까?

잠언 5:15-19

잠언 6:32-33

20. 고린도전서 7:3-5을 읽으십시오. 남편과 아내는 서로의 성적 욕구에 대하여 어떤 태도를 가져야 합니까?

21. 빌립보서 2:3-4의 원리를 결혼 생활에 적용시켜 보면 성생활에서 일어나는 어려움의 원인을 알아낼 수 있습니다. 이 원리를 실행하여 극복할 수 있는 어려움은 무엇인지 다음에서 고르십시오.

☐ 서로의 감정적 필요와 성적 필요를 배려하지 못함

☐ 자신의 성적 필요의 중요성을 지나치게 강조함

☐ 배우자를 인격을 가진 사람으로보다 성적 대상으로 대함

22. 빌립보서 2:5-8을 읽으십시오. 예수 그리스도께서는 서로의 필요를 채워 주는 면에서 부부들에게 어떤 본이 되십니까?

적 용

23. 이 과의 문제와 답을 복습하면서 삶에서 새롭게 적용해야 할 교훈이 있는지 찾아보십시오. 현재 자신이 처한 환경 속에서 그 교훈을 어떻게 실천하겠습니까?

가족의 공동 과제를 위한 제안

부부가 서로의 욕구에 대하여 좀 더 깊이 이해함으로써 성생활의 즐거움을 풍성하게 누릴 수 있습니다. 이를 위하여 함께 성생활에 대해 토의하는 시간을 가지십시오. 필요하다면 성생활에 관한 좋은 책을 한 권 읽는 것도 도움이 됩니다.

제 6 과

책 임

하나님께서는 우리의 결혼 생활이 아름다운 삶이 되기를 원하십니다. 이를 통해 그리스도의 신부이며 그리스도의 몸인 교회를 향한 하나님의 사랑을 그림으로 보여 주기를 바라십니다. 이 목적을 성취하기 위하여 하나님께서는 결혼 생활이라는 울타리 안에서 부부 각자에게 특별한 책임을 주셨습니다. 그중 어떤 책임은 부부 중 어느 한편에만 해당되고 어떤 책임은 양편이 함께 수행해야 합니다.

공동의 책임

그리스도를 믿는 부부는 모두 그리스도와의 관계 안에서 받은 몇 가지 책임을 서로 나누어 지고 있습니다. 이러한 책임은 결혼에 관계없이 주어졌지만 부부로서의 연합으로 말미암아 더욱 깊은 의미를 지니게 됩니다.

1. 에베소서 5:21에서는 남편과 아내의 관계에 대해 어떤 명령을 주셨습니까?

에베소서 5:21의 지침이 결혼 생활에서는 어떻게 적용되어야 하는지 몇 가지 예를 들어 보십시오.

2. 다음 구절에 나오는 한두 가지 성품을 골라 자신의 결혼 생활에 어떻게 적용해야 하는지 적어 보십시오.
갈라디아서 5:22-23

골로새서 3:12-14

3. 다음 내용을 자세히 읽어 보고 자신의 생각과 같은 것에 표시를 하십시오. 그런 다음 주어진 성경 구절을 읽고 그 구절의 가르침에 비추어 찬성 또는 반대에 표시를 하십시오.

□ 남편(아내)이 내 마음을 아프게 했다는 사실을 그에게 이야기해서는 안 된다. 에베소서 4:15

찬성 / 반대

□ 남편(아내)의 삶에 있는 죄를 지적해서는 안 된다. 갈라디아서 6:1

찬성 / 반대

□ 어떤 일이 남편(아내)에게 문제가 되었을 때는 그가 그 일을 혼자 감당하도록 내버려 두어야 한다. 갈라디아서 6:2

찬성 / 반대

□ 현재 내가 씨름하고 있는 죄를 남편(아내) 앞에서 시인하면 그가 나를 더 이상 존경하지 않게 될지도 모르므로 그 앞에서 죄를 시인해서는 안 된다. 야고보서 5:16

찬성 / 반대

□ 남편과 아내는 둘 다 영적으로 성장하여야 한다. 베드로후서 3:18

찬성 / 반대

이번 주 내에 별도로 시간을 내어 배우자와 함께 지금 답한 내용을 함께 토의하십시오.

4. 다음 구절은 자신의 결혼 생활과 어떻게 연관되는지 자신의 말로 요약하십시오.

로마서 15:5-6

베드로전서 4:8

5. 데살로니가전서 5:14-15에서 부부 사이의 관계를 더 좋게 도와주는 원리를 적고, 부부 사이에 어떻게 적용되는지 적으십시오.

남편의 책임

6. 에베소서 5:23을 읽으십시오. 결혼 생활에서 남편이 차지하는 독특한 위치는 무엇입니까? 이것은 당신에게 어떤 의미가 있습니까?

7. 고린도전서 11:3과 빌립보서 2:5-6을 읽고, 다음 설명 가운데서 맞는 것에 표시를 하십시오.

☐ 하나님은 그리스도의 머리이시다.

☐ 하나님은 그리스도보다 뛰어나시다.

☐ 남편은 아내의 머리이다.

☐ 남편은 아내보다 뛰어나다.

☐ 하나님과 그리스도는 동등하다.

☐ 남편과 아내는 동등하다.

8. 베드로전서 5:1-3을 읽고 성경적인 리더십의 특징으로 옳은 것에 표시하십시오.

□ 하나님의 뜻을 좇아 행함

□ 이익을 얻으려는 동기

□ 자원함으로 함

□ 섬기려는 열정

□ 맡은 자들에게 주장하는 자세를 취함

□ 본이 됨

9. 에베소서 5:25-33을 살펴보십시오. 남편은 아내를 어떻게 사랑해야 합니까?

10. 남편으로서 아내를 어떻게 사랑해야 할 것인가에 대한 좀 더 좋은 아이디어를 얻기 위해서 그리스도께서 우리 그리스도인들을 어떻게 사랑하셨는가를 생각해 봅시다. 다음 각 구절은 그리스도의 사랑에 관하여 무엇을 말씀하고 있는지 요약하고, 아내와의 관계에서 적용할 점을 적어 보십시오.

그리스도께서 우리를 어떻게 사랑하셨는가	아내와의 관계에서 적용할 점
시편 23:4	
마태복음 11:28-30	
요한복음 10:11	
요한복음 13:12-15	
요한복음 14:1-2	
요한복음 17:20	
로마서 8:38-39	

11. 당신이 경험하거나 관찰한 일 중에서 남편으로서 아내를 사랑하거나 이끌어 나가는 데 어려움이 될 수 있는 상황에는 어떤 것이 있는지 생각나는 대로 열거해 보십시오.

12. 앞 문제에서 열거한 항목에 번호를 매기고, 각 상황에서 남편에게 도움이 될 수 있는 아래의 지침과 연결하여 빈칸에 그 번호를 쓰십시오. 어떤 상황에는 한 가지 이상의 지침이 필요한 곳도 있습니다.

____ 아내를 위해 기도한다. "여러 성도를 위하여 구하고"(에베소서 6:18).

____ 아내와 의사소통을 지혜롭게 하여 자신이 왜 어려움에 처해 있는지를 설명하고 아내에게 도움과 협력을 구한다. "사랑엔 거짓이 없나니"(로마서 12:9).

____ 아내를 용서한다. "주께서 너희를 용서하신 것과 같이 너희도 그리하고"(골로새서 3:13).

____ 하나님께서 그리하셨듯이 남편으로서 먼저 아내를 사랑한다. "우리가 사랑함은 그가 먼저 우리를 사랑하셨음이라"(요한일서 4:19).

____ 아내의 잘못된 태도나 행동을 마음에 두지 않는다. "(사랑은) 악한 것을 생각지 아니하며"(고린도전서 13:5).

____ 다른 사람들의 지혜로운 조언과 권면을 통하여 아내를 좀 더 깊이 이해하도록 노력한다. "너는 권고를 들으며 훈계를 받으라.

그리하면 네가 필경은 지혜롭게 되리라"(잠언 19:20).

___ 기타:

13. 베드로전서 3:7에서 가르치고 있는 원리를 자신의 말로 쓰십시오.

14. (남편에게) 남편으로서 때때로 아내를 이끌어 나가기를 주저하게 되는 이유에 표시하십시오.

☐ 아내를 이끌어 가기 위해서는 현재의 노력 이상의 많은 노력을 해야 한다.

☐ 하나님께서 나에게 인도의 책임을 지우신 사실을 미처 깨닫지 못했다.

☐ 아내를 이끌려고 할 때 아내가 종종 나를 따르지 않았다.

☐ 실패할까 두렵다.

☐ 내가 전에 내린 결정이나 제안을 아내는 마뜩지 않게 여긴다.

☐ 기타:

이번 주 내로 시간을 따로 내어 이 문제를 가지고 아내와 토의하십시오.

15. 에베소서 5:28-29과 5:33을 다시 살펴보십시오. 이 구절은 아내를 어떻게 사랑해야 하는가를 이해하는 데 어떤 도움을 줍니까?

16. (남편에게) 남편의 책임에 대하여 답한 내용을 기도하는 마음으로 살펴보고 나서 좀 더 좋은 남편이 되기 위해 실천해야겠다고 생각되는 일을 한 가지 들어 보십시오.

(아내에게) 남편의 책임에 관하여 배운 내용을 기도하는 마음으로 살펴보고 남편이 남편으로서의 책임을 수행하는 데 도움과 격려가 되도록 아내로서 할 수 있는 일을 한 가지 적으십시오.

아내의 책임

하나님께서는 여자를 창조하실 때 "사람의 독처하는 것이 좋지 못하니 내가 그를 위하여 돕는 배필을 지으리라"(창세기 2:18)라고 말씀하셨습니다. 하나님께서는 여자를 남자에게 꼭 필요한, 즉 남자를 완전케 해 주는 배우자가 될 수 있도록 만드셨는데, 물론 이것이 여자의 잠재력에 대한 제한은 아닙니다.

이러한 역할은 아내의 지위를 깎아 내리는 것도 아니며, 주체성을 잃게 하는 것도 아닙니다. 사실 창세기 2:18에 "돕는 배필"로 번역된 히브리어는 하나님께서 인간의 도움이 되심을 표현할 때 종종 사용되었습니다. (**예**: 시편 33:20 "우리 영혼이 여호와를 바람이여, 저는 우리의 **도움**과 방패시로다.") 아내가 된다는 것은 고귀하고, 책임감 있고, 존귀한 지위에 오르는 일입니다.

17. 잠언 12:4은 아내에 대하여 무엇을 가르치고 있습니까?

18. 에베소서 5:22-24과 5:33에는 아내의 책임이 어떻게 묘사되어 있습니까?

아내가 남편에게 복종해야 할 때는 어떤 경우입니까? 24절

19. 에베소서 5:22-23에서 하나님께서 남편과 아내의 관계를 왜 이런 방법으로 계획하셨는지를 찾아 적어 보십시오.

하나님께서 그리스도의 머리가 되시지만 그리스도와 하나님께서 동등하신 것처럼, 남편과 아내의 관계에 있어서도 마찬가지입니다. 복종의 의무는 아내가 남편보다 열등하다는 뜻이 **결코** 아닙니다.

20. 사전 등을 이용하여 **복종**의 정의를 내려 보십시오.

21. 빌립보서 2:5-9은 예수님의 복종에 대하여 말씀하고 있습니다. 다음 중 옳은 내용에 모두 표시하십시오.

☐ 복종의 마음과 태도가 중요하다.

☐ 예수님께서는 자신의 '권리'를 취하지 않으셨다.

☐ 예수님께서는 복종하기 위하여 자신을 스스로 낮추셨다. 아무도 강요하지 않았다.

☐ 예수님께서는 하나님께 복종하는 바람에 자신의 지위와 신분을 잃어버리셨다.

☐ 예수님의 복종은 큰 영광과 존귀를 가져다주었다.

22. "교회가 그리스도에게 하듯 아내들도 범사에 그 남편에게 복종할지니라"(에베소서 5:24)라는 말씀을 마음에 새기면서, 아래 구절을 읽고 교회가 그리스도께 어떻게 복종하는가를 생각해 보십시오. 그런 다음 남편과의 관계에서 아내로서 적용할 점을 적어 보십시오.

교회는 그리스도께 어떻게 복종하는가	남편과의 관계에서 적용할 점
마태복음 11:28-30	
요한복음 10:14	
요한복음 10:27	
요한복음 12:26	
빌립보서 4:6	
베드로전서 4:12-13	
베드로후서 3:18	

23. 자신의 경험이나 관찰에 비추어 아내로서 남편을 존경하거나 남편에게 복종하기가 어려운 경우는 어느 때인지 생각나는 대로 적어 보십시오.

24. 문제 23에서 적은 항목에 번호를 매기고, 각 상황에서 아내에게 도움이 될 수 있는 아래의 지침과 연결하여 빈칸에 그 번호를 쓰십시오. 어떤 상황에는 한 가지 이상의 지침이 필요한 곳도 있습니다.

___ 남편을 위해 기도한다(에베소서 6:18).

___ 그 상황에 대한 자신의 생각을 남편에게 지혜롭게 있게 설명한다. "오래 참으면 관원이 그 말을 용납하나니 부드러운 혀는 뼈를 꺾느니라"(잠언 25:15).

___ 남편을 용서한다(골로새서 3:13).

___ 아내로서 남편의 판단을 믿고 남편이 무슨 결정을 내리든지 남편을 지지하고 순종하겠다는 사실을 남편에게 알린다. "너희를 인도하는 자들에게 순종하고 복종하라. 저희는 너희 영혼을 위하여 경성하기를 자기가 회계할 자인 것같이 하느니라. 저희로 하여금 즐거움으로 이것을 하게 하고 근심으로 하게 말라. 그렇지 않으면 너희에게 유익이 없느니라"(히브리서 13:17).

___ 남편을 사랑한다. "새 계명을 너희에게 주노니 서로 사랑하라. 내가 너희를 사랑한 것같이 너희도 서로 사랑하라"(요한복음 13:34).

___ 남편에게 순종하고, 하나님께서 이 상황을 사용하여 부부에게 선을 이루어 주실 줄을 믿는다. "우리가 알거니와 하나님을 사랑하는 자 곧 그 뜻대로 부르심을 입은 자들에게는 모든 것이 합력하여 선을 이루느니라"(로마서 8:28).

___ 기타:

25. (아내에게) 아내로서 때때로 남편의 리더십을 존경하고 복종하기를 주저하게 되는 이유를 찾아보십시오.

☐ 남편은 이제까지 나를 사랑하고 있다는 사실과 나에게 가장 좋은 것을 주기 원한다는 사실을 만족할 만큼 충분히 보여 주지 않았다.

☐ 남편이 결정한 일의 결과에 대하여 나에게 책임이 없을진 모르지만 하나님 앞에서 남편에게 복종해야 할 책임은 내게 있다는 사실을 깨닫지 못했다.

☐ 남편이 원하는 것과 내가 원하는 것이 서로 다르다.

☐ 내가 원하는 것에는 남편이 관심이 없거나 반대한다.

☐ 남편은 때로 내가 하나님의 법을 어기기를 요구한다.

☐ 기타:

이번 주 내로 시간을 따로 내어 이 문제를 가지고 아내와 토의하십시오.

26. (아내에게) 아내의 책임에 대하여 답한 내용을 기도하는 마음으로 살펴보고 나서 좀 더 좋은 아내가 되기 위해 실천해야겠다고 생각되는 일을 한 가지 들어 보십시오.

(남편에게) 아내의 책임에 관하여 배운 내용을 기도하는 마음으로 살펴보고 아내가 아내로서의 책임을 수행하는 데 도움과 격려가 되도록 남편으로서 할 수 있는 일을 한 가지 적으십시오.

적 용

27. 이 과에서 배운 중요한 교훈은 무엇입니까?

가족의 공동 과제를 위한 제안

가족 모두가 자리를 함께했을 때 각자에게 가족 가운데서 자기가 가진 중요한 책임이 무엇인지를 나누도록 해 보십시오. 또한 자녀들이 실제적으로 서로 도울 수 있도록 본을 보여 주기 위하여 부모인 당신 부부가 서로 어떻게 격려해 주기로 계획을 세웠는가를 예를 들어 이야기해 주십시오.

그룹 토의를 위한 지침

이 교재를 주일 성경공부반이나 다른 성경공부 모임 같은 데서 함께 공부하면 성경적 원리를 더욱 깊이 이해할 수 있습니다. 공부 방식은 간단합니다. 성경공부에 참석하는 각 사람은 먼저 집에서 개인적으로 한 과씩 답을 다 한 다음, 보통 한 주에 한 번 정도 함께 모여서 각자가 공부하면서 배운 내용을 서로 나누고 토의합니다.

만일 당신이 이러한 성경공부의 인도자라면 다음에 실려 있는 자료는 성경 말씀 중심으로 교제 시간을 계획하고 이끌어 가는 데 많은 도움이 될 것입니다.

토의를 시작하기 전에

그룹 인도자가 매번 해야 할 가장 중요한 준비는 기도입니다. 물론 개인적으로 기도 제목을 준비하여 기도해도 좋지만, 여기에 몇 가지 제안을 합니다.

* 공부에 참석하는 한 사람 한 사람이 모두 공과 준비를 잘하도록 기도하고, 이번 주 성경공부에 꼭 참석할 수 있도록 기도하십시오. 참석자들이 자기의 생각을 솔직하게 나눌 수 있는 스스럼없는 분위기를 느끼며, 모두가 토의에 적극 기여하도록 기도하십시오.
* 당신의 설명을 통해 각 사람이 성경 말씀을 깨닫고 실제적인 적용을 하게 되도록 기도하십시오. 이렇게 하여 각 개인의 구체적인 필요가

풍성히 채워지도록 기도하십시오.

* 인도자인 당신이 성령의 인도하심을 잘 알고 인내심, 용납, 민감한 마음, 지혜 등을 갖게 되도록 기도하십시오. 그룹 내에 순수한 사랑의 분위기를 주셔서 멤버들 각자가 자신을 솔직하게 개방하여 배우고 변화를 받게 되도록 기도하십시오.
* 성경공부와 토의를 통해 모두가 주님께 더욱 깊이 순종하게 되고, 가정에 돌아가서 그리스도의 살아 계심을 더욱 분명히 나타내도록 기도하십시오.

기도 다음으로 중요한 준비 사항은 그 주에 토의할 공과의 내용을 훤하게 알도록 준비하는 일입니다. 모든 질문에 일일이 답하여 보고, 토의할 과에 대한 인도자 지침을 충분히 읽어 보십시오.

진행 방법

참석자들이 다 모이면 분위기가 편안하고 따뜻하며 개방적이 되도록 노력하십시오. 이런 분위기는 금방 이루어지지 않으므로 처음에는 특별히 서로 친해지도록 하며, 모두가 함께 배우고 있다는 사실을 전체에게 잘 알려 주어야 합니다. 인도자는 참석자들의 마음이 상하지 않게 이끌어 갈 책임이 있습니다. 그룹은 인도자에게 리더십을 기대하고 있으므로 그 기대대로 리더십을 발휘해야 합니다.

공과 공부의 토의를 위해서 다양한 방법을 시도해 보는 것도 좋습니다. 모든 질문을 차례차례로 하나씩 토의해 나가는 것도 하나의 간단한 방법입니다. 첫 번째 사람에게는 문제 1을 읽고 답하고, 두 번째 사람에게는 문제 2를 읽고 답하게 하는 식으로 순서에 따라 돌아가면서 하는 것도 좋습니다. 혹은 인도자가 진행해 나가면서 "어느 분이 5번을 답해 주시겠습니까?" 하는 식으로 각 문제마다 멤버들 중에서 원하는 사람이 대답을 하도록 진행하는 것도 괜찮습니다. 문제별 진행 방식은 어린 그리스도인들이 성경공부 토의를 시작하기에 좋은 방법이 될 수도 있습니다. 체계가 분명하면 참석자들에게 신뢰감을 주고, 토의의 진행 방향을 알 수 있도록 해 줍니다.

또 한 가지 인도 방법은 단락별 진행 방식인데, 이것은 보다 자연스러운 방법입니다. 먼저 공부할 과의 첫째 단락에서 어떤 인상을 받았는가를 참석자들에게 물어봄으로써 그날 공과를 시작합니다. 질문 예: "기도에 관한 첫째 단락에서 어떤 내용이 가장 깊은 인상을 주었습니까?" 질문을 할 때에는 특정한 개인에게 하지 말고 가능한 한 그룹 전체에게 해야 한다는 사실을 명심하십시오.

이렇게 질문하면 대개는 그중 어느 한 사람이 그 단락 내에 있는 특정한 문제를 들어 대답을 합니다. 그러면 또 다른 사람의 대답도 들어 보도록 한 후 그 질문을 충분히 토의하고, 당신이 미리 준비한, 주제에 관하여 깊은 생각을 이끌어 내는 질문을 던집니다. 이런 식으로 그 단락이 끝나면 다음 단락을 같은 순서로 진행해 가면 됩니다.

보다 깊이 있고 흥미도 있고 도움이 되는 토의의 열쇠는 좋은 질문을 미리 준비해 두는 데 있습니다. 적절한 질문은 참석자들에게 현재 토의되고 있는 주제와 성경 말씀을 더욱 세밀히 연구하도록 고무시켜 줍니다.

인도자 지침 자료 안에는 이 책의 각 과에 대한 토의를 위하여 몇 가지 제안 질문을 실었습니다. 이 제안 질문 이외에도 인도자 자신이 하고 싶은 질문을 모임 전에 미리 만들어서 정리해 두면 좋습니다. 질문은 생각할 수 있는 대로 많이 만들어 두십시오. 사용할 수 있는 질문이 많으면 토의에 쉽게 접근할 수 있으며 토의의 방향을 올바르게 잡아 나갈 수 있습니다.

도움을 주는 몇 가지 지침

질문에 대하여

1. 가능한 한 대화를 이끌어 낼 만한 질문을 하십시오.
2. 질문을 한 후 즉시 대답이 나오지 않고 침묵이 흐르더라도 두려워하지 마십시오. 모두에게 생각할 여유를 주십시오.
3. 질문은 한 번에 한 가지씩만 하십시오.
4. "예" 또는 "아니요"로 대답이 나오는 질문은 피하십시오. 이런 질문은 토의에 도움이 되지 않습니다. 모든 질문은 "누가" "언제" "어디서" "무엇을" "왜" "어떻게"의 육하원칙에 따라 하는 것이 좋습니다.
5. "이에 대하여 여러분은 어떻게 생각하십니까?"와 같은 질문은 정답이나 오답이 없기 때문에 긴장되거나 딱딱해지지 않도록 도움을 줍니다. 이럴 때는 단순히 자기 견해를 자유롭게 발표할 수가 있어서 좋습니다.

토의에 대하여

1. 성경 말씀이 진리의 원천이라는 사실을 명심하십시오. 답에 대한 토의를 할 때 가끔씩 그 질문에 주어진 성경 구절을 함께 찾아서 소리 내어 읽어 보는 것도 도움이 됩니다.
2. 요약을 자주 함으로써 그룹이 토의의 방향을 알 수 있도록 도와주십시오.
3. 각 과마다 적용 질문에 대한 토의를 위하여 시간을 할애하십시오. 성경 공부의 목적은 토의 자체에 있는 것이 아니라 삶의 변화에 있습니다.
4. 가족의 공동 과제를 위한 제안을 토의할 시간도 충분히 마련하십시오. 이 제안이 그룹 내의 각 사람들에게 어떻게 받아들여지고 어떻게 실천이 되고 있는가를 서로 나누십시오.

일반적인 유의 사항

1. 인도자의 태도가 그룹에 열성을 불어넣을 수 있는 핵심적인 요소입니다. 각 사람의 발표 내용에 진지한 관심을 보이고 그들로부터 열심히 배우십시오.
2. 그룹 내에서 서로 용납하고 관심을 갖는 분위기를 형성하는 데 많은 노력을 기울이십시오. 사무적인 분위기는 피하십시오.
3. 인도자도 그룹의 한 멤버로서 토의에 참여하십시오. 강사가 되거나 말없는 참관인이 되어서는 안 됩니다.
4. 공과를 시작하기 전에 지난주에 암송한 성경 말씀을 복습하고, 지난주에 적용했던 내용과 가족의 공동 과제에서 얼마나 진전이 있었는가를 나누는 것이 좋습니다.
5. 전체 토의 시간은 90분을 초과하지 않는 게 좋습니다. 한 시간이 가장 적당합니다. 정시에 시작하고 정시에 마치도록 하십시오. 마칠 때는 잊지 말고 그룹 기도를 하고 끝내도록 하십시오.

위 내용을 자주 상기하도록 하십시오.

토의를 마친 후의 평가

매회 공부가 끝날 때마다 다음과 같은 질문을 사용하여 자신을 평가해 보면 인도자로서의 리더십을 향상시키는 데 도움이 됩니다.

1. 공과 내의 핵심 요점은 충분히 토의되었는가?
2. 토의를 적절하게 인도할 만큼 질문은 충분히 준비했는가?
3. 안심하고 모임을 이끌어 갈 만큼 교재를 철저히 알고 있었는가?
4. 토의가 방향을 잃지 않도록 잘 진행하였는가?

5. 각 사람이 모두 토의에 참여하였는가?
6. 토의는 실제적이었는가?
7. 시작과 마치는 시간은 제대로 지켰는가?

제 1 과

자아상

개 요	목 표
(1) 당신을 위한 하나님의 계획 (2) 다른 사람과의 관계 (3) 자신에 대한 용납 (4) 건강한 자아상의 유지 (5) 적용 (6) 가족의 공동 과제를 위한 제안	하나님께서 우리를 어떻게 보고 계시며, 우리 자신은 스스로를 어떻게 보아야 하는가를 배움으로써 각 사람이 자신에 대하여 건강하고 성경적인 자아상을 갖는다.

이 과를 비롯하여 앞으로 계속되는 성경공부를 효과적으로 하기 위해서 참석자 전체에게 각 과의 목표와 개요를 큰 소리로 읽어 주는 것도 좋습니다. 이는 토의를 시작할 때 그 과의 전반적인 강조점을 아는 데 도움이 됩니다. 토의가 끝날 때에도 이 점을 다시 한번 상기시켜 주면 좋습니다.

다음 문제는 그룹 내에서 활발한 토의를 이끌어 낼 수 있도록 도와줍니다. 문제 1, 5, 6, 7, 8, 9, 11, 12, 13, 15, 16, 17, 20, 23.

그 밖의 제안:

❖ 그룹 멤버 중 누구에게 "그릇된 자아상의 결과"(12페이지)를 소리 내어 읽게 하십시오.

❖ 문제 15는 주어진 각 구절마다 한두 사람씩 답을 먼저 발표하도록

한 후 토의에 들어가도록 하십시오.

각 과를 시작하기 전에 멤버 가운데 한 사람에게 각 과의 핵심 구절을 소리 내어 읽게 하는 것도 때로는 도움이 됩니다. 이 과의 핵심 구절은 로마서 12:4-8입니다.

각 과마다 적용 질문을 실었습니다. 각 사람이 성경의 진리를 실생활 속에 실제적으로 적용할 수 있도록 돕기 위한 목적입니다. 이 질문에 대한 대답은 개인적인 내용이므로 그룹 멤버들은 적용 내용을 발표할 때 그룹 전체에게 나누기 곤란한 내용은 나누지 않아도 된다는 자유로운 마음을 갖도록 도와주기 바랍니다. 그렇다고 해서 적용 질문 자체를 완전히 빼 버리지는 않도록 주의하십시오. 성경 말씀이 우리의 매일의 삶에 어떤 영향을 미치고 있는가는 가장 유익한 토의가 될 수 있기 때문입니다.

적용 질문의 토의에 활력을 불어넣을 수 있는 한 가지 좋은 방법은 "누가 문제 14번의 답을 발표해 주시겠습니까?" 또는 "문제 14번에서 자기 자신(혹은 가족)에 대하여 어떤 사실을 알았습니까?"와 같은 질문을 해 보는 것입니다. 이 과에서 적용 질문은 문제 14, 17, 21, 22입니다.

가족의 공동 과제를 위한 제안도 잊지 말고 토의하기 바랍니다. 누구를 지명해서 제안 사항을 소리 내어 읽게 해도 좋습니다. 그런 다음에 그 과제를 어떻게 하면 각 가정에서 가장 효과적으로 적용하고 실천해 나갈 수 있을지 토의하십시오.

발전된 토의를 위한 질문

다음 질문은 이 과에서 좀 더 발전된 토의를 이끌어 내기 위한 질문입니다.

문제 1: 예수님께서 말씀하시는 풍성한 삶은 오늘날 사람들이 일반적으로 생각하는 좋은 삶과는 어떤 차이가 있을까요?

문제 2: 하나님께서 우리를 향한 목적을 가지고 계신다는 사실은 우리를 향한 하나님의 놀라운 사랑의 표현입니다. 어떤 점에서 그렇다고 생각합니까?

문제 5: 피조물이 어떻게 하나님께 영광을 돌릴 수 있습니까?

문제 6: 이 사실은 우리가 하나님의 뜻을 실행할 수 있는 능력과 어떤 관련이 있습니까?

문제 7: 이웃 사랑이 건강한 자아상을 형성하는 데 꼭 필요한 이유는 무엇이라고 생각합니까?

문제 8-9: 부부가 건강한 자아상을 가질 때 얻는 유익으로는 무엇이 있겠습니까?

문제 12: 우리 자신을 시험해 보는 올바른 방법은 무엇이라고 생각합니까?

문제 13: 우리가 약하고 어렵고 힘든 중에도 기뻐할 수 있는 이유는 무엇 때문입니까?

문제 16: 믿음은 자아상과 어떤 연관이 있습니까?

제 2 과

의사소통

개 요	목 표
(1) 성경적 관점 (2) 의사소통의 향상 (3) 적용 (4) 가족의 공동 과제를 위한 제안	의사소통에 대한 성경적 원리를 이해하고 결혼 생활에 적용함으로 좀 더 경청을 잘하고 보다 깊은 차원의 의사소통을 할 수 있도록 한다.

다음 문제는 그룹 내에서 활발한 토의를 이끌어 낼 수 있도록 도와줍니다. 문제 1, 4, 8, 9, 11, 16.

적용 질문은 문제 13, 15, 17입니다. 가족의 공동 과제를 위한 제안도 잊지 말고 토의하십시오.

문제 12와 문제 13에서는 다음과 같은 질문으로 토의를 이끌어 낼 수 있습니다. "누가 문제 12번과 13번을 답하면서 배운 점을 발표해 주시겠어요?"

32페이지에 있는 "의사소통을 향상시키는 방법"을 한 목소리로 소리 내어 읽은 후 토의에 들어가는 것도 좋습니다.

그룹 토의 중에 한두 번 정도 전체가 잠깐 시간을 내어 구체적인 내용을 가지고 함께 기도하는 것도 효과적입니다. 이를테면 결혼 생활을 해 나갈 때 상대방의 말을 좀 더 잘 경청하고 또 의사소통도 더욱 효과적으로 할 수 있는 사람으로 만들어 주시도록 기도하는 것입니다.

발전된 토의를 위한 질문

문제 2-3: 진실을 말하는 것이 왜 효과적인 의사소통의 핵심 요소입니까?

문제 4: 분노를 오랫동안 품고 있으면 어떤 위험이 따릅니까?

문제 5: "더러운 말"에는 어떤 것이 있습니까? "덕을 세우는 선한 말"에는 어떤 것이 있습니까? 예를 몇 가지 들어 보십시오.

문제 7: 우리는 선이나 악을 어떻게 마음에 쌓아 둡니까?

문제 8: 어떻게 하면 다른 사람의 말을 경청할 수 있는 능력을 향상시킬 수 있습니까?

문제 9: (골로새서 4:6) 말을 할 때 "항상 은혜 가운데서 소금으로 고루게 함같이" 한다는 것은 무슨 의미입니까?

문제 11: (잠언 17:9) "허물을 덮어 주는" 가장 좋은 방법을 예로 들면 무엇이 있습니까?

제 3 과

사랑과 사랑하기

개 요	목 표
(1) 하나님의 사랑 (2) 결혼 생활에서의 사랑 (3) 남편의 사랑 (4) 아내의 사랑 (5) 적용 (6) 가족의 공동 과제를 위한 제안	하나님의 사랑의 본질을 이해하고, 부부가 서로를 향한 사랑을 실제적으로 표현함으로써 하나님의 사랑의 본을 따를 수 있도록 한다.

다음 문제는 그룹 내에서 활발한 토의를 이끌어 낼 수 있도록 도와줍니다. 문제 5, 6, 7, 10, 13, 14, 19, 21.

적용 질문은 문제 7과 문제 22입니다. 가족의 공동 과제를 위한 제안도 꼭 토의하십시오.

소리 내어 읽기 좋은 구절은 고린도전서 13:4-7입니다. 다른 번역본을 참고하는 것도 좋습니다.

발전된 토의를 위한 질문

문제 1-2: 하나님은 사랑이시라는 사실을 아는 것은 우리의 결혼 생활에 어떤 도움이 됩니까?

문제 3: 마치 하나님께서 나를 향한 사랑을 멈추셨다고 느낀 적이 있습니까?

이렇게 느끼는 것은 왜 잘못되었습니까?

문제 7: 사랑은 어떻게 연합을 이루도록 해 줍니까? 결혼 생활에서 연합을 돕는 것으로는 또 무엇이 있습니까?

문제 9: 부부 사이에 이러한 특성이 결여될 때 어떤 결과가 옵니까?

문제 10: 부부 사이에서 사랑을 억누르는 두려움으로는 어떤 것이 있습니까?

문제 12: 아내에 대하여 남편이 지켜야 할 수준을 하나님께서 왜 그렇게 높게 세우셨다고 생각합니까?

문제 14: 남편이 아내를 존귀히 여긴다는 것을 보여 주는 실제적인 방법은 무엇입니까?

문제 15: 아내에 대한 사랑을 남편은 얼마나 자주 표현해야 합니까?

문제 18: 이것이 어떻게 남편에 대한 아내의 사랑을 나타내 줍니까?

제 4 과

갈등의 해결

개 요	목 표
(1) 갈등의 원인 (2) 갈등의 해결 (3) 적용 (4) 가족의 공동 과제를 위한 제안	결혼 생활에서 갈등의 일반적인 원인을 알아내고, 말씀의 원리를 적용함으로써 갈등을 효과적으로 해결하는 방법을 배운다.

다음 문제는 그룹 내에서 활발한 토의를 이끌어 낼 수 있도록 도와줍니다. 문제 2, 5, 6, 7, 8, 9, 13, 14, 17, 18, 19, 20.

적용 질문은 문제 21입니다.

54페이지에 나오는 "갈등 해결을 위한 네 가지 제안"과 가족의 공동 과제를 위한 제안을 소리 내어 읽고 나서 토의하도록 하십시오.

특별히 참석자들 가운데서 결혼 생활에서 생긴 갈등을 해결하는 데 어려움을 겪고 있는 모습이 분명하게 보일 경우에는, 갈등은 인간관계에 있어서 자연스러운 것이며, 갈등을 해결하기 위해서는 상호 헌신과 노력이 필요하고 성경적인 화해가 절대적으로 중요하다는 사실에 강조점을 두기 바랍니다.

발전된 토의를 위한 질문

문제 1-4: 성경에는 갈등을 일으키는 원인이 여러 가지 언급되어 있습니다. 오늘날 갈등의 가장 일반적인 원인은 무엇이라고 생각합니까?

문제 1: 다음의 각 내용이 어떻게 갈등을 일으키는지 예를 들어 보십시오. 믿음의 강도 차이, 연약한 사람의 약점, 다툼이나 허영심

문제 3: 이기적인 욕심은 어떻게 제어할 수 있습니까?

문제 6: 우리는 어떻게 다른 사람들을 비판하는 경향이 있습니까?

문제 7: 갈등을 해결하는 중심이 되시는 분은 누구입니까?

문제 9: 부부가 두 사람 사이에 생긴 갈등을 토의하는 일은 때로 쉽지 않습니다. 이런 대화를 좀 더 쉽게 시작할 만한 좋은 아이디어는 무엇입니까?

문제 10-13: 하나님과 우리의 관계는 부부 사이의 관계에서 많은 영향을 받게 되는데 왜 그렇습니까?

문제 14: 우리는 종종 어떻게 "진리와 함께 기뻐하기"보다는 "불의를 기뻐하도록" 유혹을 받습니까?

문제 18: 우리는 상대방을 무한정 용서해 주어야 합니까? 왜 그렇습니까? (왜 그렇지 않습니까?)

제 5 과

성생활

개　요	목　표
(1) 성에 대한 태도 (2) 성에 대한 하나님의 목적 (3) 성적 표현에 대한 하나님의 계획 (4) 적용 (5) 가족의 공동 과제를 위한 제안	각자의 성장 배경이 성에 대한 태도를 형성하는 데 어떤 영향을 미쳤는가를 알고, 결혼 생활에서 성에 대한 하나님의 목적과 계획을 이해하도록 한다.

다음 문제는 그룹 내에서 활발한 토의를 이끌어 낼 수 있도록 도와줍니다. 문제 3, 5, 6, 9, 11, 13, 15, 17, 21, 22.

문제 23은 적용 질문입니다.

발전된 토의를 위한 질문

문제 8: 하나님께서 창조하셔서 우리에게 주신 모든 것을 우리가 감사함으로 받는 것이 중요한 이유는 무엇입니까?

문제 11: 이러한 성경적인 목적은 오늘날에도 여전히 해당됩니까?

문제 13: (창세기 2:25) 에덴동산에서 아담과 하와가 처음 경험한 관계를 오늘날의 부부 사이에서도 누릴 수 있게 해 주는 것은 무엇입니까?

(창세기 3:6-10) 죄는 성에 대한 우리의 태도에 어떤 영향을 줍니까?

문제 16: 이 가르침은 이러한 죄를 짓고 있거나 용납하는 사람들을 향한 우리의 태도에 어떤 영향을 줍니까?

문제 17: 이 가르침을 따르지 않으면 무슨 일이 일어날 수 있습니까?

제 6 과

책 임

개 요	목 표
(1) 공동의 책임 (2) 남편의 책임 (3) 아내의 책임 (4) 적용 (5) 가족의 공동 과제를 위한 제안	하나님 및 배우자에 대한 책임을 이해하고, 이 책임을 수행하는 실제적인 계획을 세우고 실행한다.

소리 내어 읽기 좋은 구절은 에베소서 5:22-33입니다(현대어 성경 참고). 다음 문제는 그룹 내에서 활발한 토의를 이끌어 낼 수 있도록 도와줍니다. 문제 1, 3, 4, 7, 8, 9, 10, 13, 18, 19, 20, 21, 22, 27.

적용 질문은 문제 14, 16, 25, 26입니다.

발전된 토의를 위한 질문

문제 4: (로마서 15:5-6) 부부의 연합은 어떻게 하나님께 영광을 돌립니까?

(베드로전서 4:8) 사랑은 어떻게 죄를 덮습니까?

문제 5: 부부에게 서로 격려가 필요할 때는 언제입니까?

문제 10: 남편이 이러한 성경적 지침을 따를 때 가족에게 어떤 영향을 줄 수 있습니까?

문제 18: 아내가 남편에게 복종해야 하는 예를 몇 가지 든다면 무엇이 있겠습니까?

문제 21: 무엇이 동기가 되어 예수님께서는 이와 같이 복종하셨다고 생각합니까?

문제 22: 아내가 이러한 성경적 지침을 따를 때 가족에게 어떤 영향을 줄 수 있습니까?

남편과 아내

초판 1쇄 발행 : 1983년 1월 15일
개정 1쇄 발행 : 2024년 7월 25일

펴낸곳 : 네비게이토 출판사 ⓒ
주소 : 03784 서울시 서대문구 연희로 16 (창천동)
전화 : 334-3305(대표), 334-3037(주문), FAX : 334-3119
홈페이지 : http://navpress.co.kr
출판등록 : 제10-111호(1973년 3월 12일)
ISBN 978-89-375-0642-0 03230